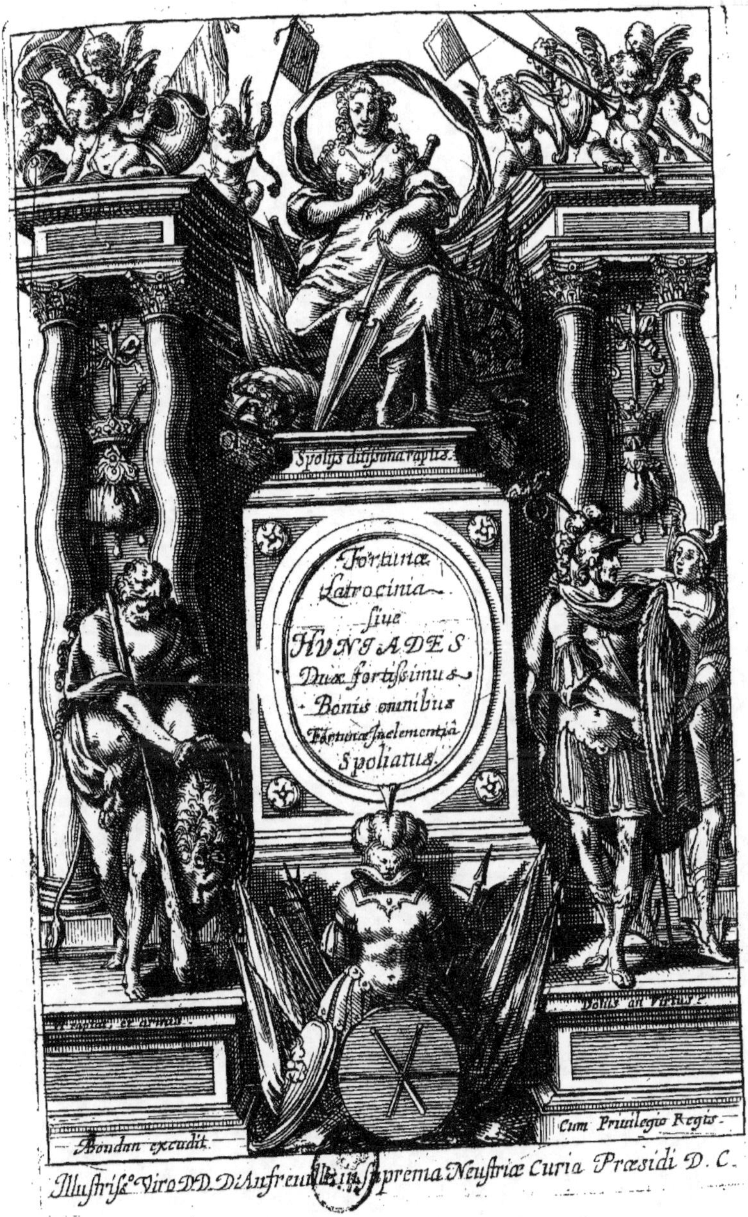
Spolijs ditissima raptis.
Fortunæ
Latrocinia
siue
HVNIADES
Dux fortissimus
Bonis omnibus
Fortunæ inclementiâ
Spoliatus.
Dolus an virtus?
Boudan excudit.
Cum Priuilegio Regis.

Illustriss.° Viro D.D. D'Anfreuille in suprema Neustriæ Curia Præsidi D. C.

Talis in Exangui depictus Imagine Vultus
Quàm vetegat multas conijce Viuus opes.

ILLVSTRISSIMO VIRO D.

D. IACOBO POIRIER

EQVITI, D. D'ANFREVILLE,

CASTELLANO DE CISAY, &c.

Christianissimo Regi ab
vtrisque Consilijs atque in suprema Neustriæ Curia Præsidi
integerrimo.

AGONOTHETÆ SVO

MVNIFICENTISSIMO

HVNIADES

SPOLIATVS

TRAGOEDIA.

DABITVR IN THEATRO

Collegii Rothom. Societ. IESV,

TOTISQVE MVSARVM ORDINIBVS

MECÆNATI SVO

OFFICIOSE GRATANTIBVS.

Ex Typographia, Ioannis le Boullenger.

VAH FORTVNAE!

VAH PRÆDATRICIS, AC RAPACIS

INGENS FVRTVM!

AVDAX PATROCINIVM!

HEM, SPECTATOR!

VIR, BONIS OMNIBVS

OMNI LAVDE CVMVLATVS

JOANNES ILLE MAGNVS

COGNOMENTO

HVNIADES

COMMVNIS MORTALIVM NOVERCÆ

HAVD COMMVNIS ÆVI

NVDATVS OMNIBVS

1. SOCIIS PRIMVM AC FOEDERATIS:
2. TOTO DEIN EXERCITV:
3. MOX, SODALIBVS, AMICIS, FILIO
4. VITÆ INSVPER COMMODIS;
5. LIBERTATE AD EXTREMVM
VITA LONGE CHARIORE,
MOMENTO FLEBILITER EXVTVS

DIGNVM SCENA AC LACHRYMIS

SPECTACVLVM.

Iᵘ Furtum
Exspoliat Fœderatis
Nec sat quod Iouis es, nec sat quod Perfida sors es.
Te Duce Turma mihi hæc Perfida facta quoque est.

ACTVS PRIMVS.

HVNIADES (Iangus Choniates vulgo gentilium dictus) suâ quàm auitâ laude illustrior, vt quâ bellicæ virtutis commendatione delatum sibi Hungariæ sceptrum susceperat, eâdem adeptum exornaret stabiliretque: in Amurathem Christiani orbis ac nominis hostem infensissimum bellicum mouet apparatum. Nec mora, cum Turcorum suorum ingenti manu huic ex aduerso occurrit Amurathes: in Merulæ campis spatiosissimis idoneâ scilicet ac perquàm explicatâ ad pugnam planitie, vtrique velut ex condicto metantur exercitus. Nec pugnam, etsi viribus lociq́; opportunitate haud propé par, detrectat HVNIADES. Iamque eductis vtrimque in aciem copiis manus consertum ibant, cum ecce hinc & hinc vexillarii duo equites lanceati cataphractique prodeunt, priuato quisque discrimine partium sortes tentaturi. Exceptoque duriùs ab Turca Pannone, tantúmque non afflicto, id enimuerò sibi in omen victoriæ Turcæ vertêre: Nec temerè prorsus aut inaniter, nam primo statim conflictu Pannones, haud itâ felici pugnæ prolusione, omen sancire visi: Quod vbi animaduertit HVNIADES, dùm ad suppetias Bredas se proripit, fuso interim & huc illucque palanti exercitu, quo animi æstu ac furore cum paucis auxiliariis mox ipse redux suorum fugam ac deserta propè castra recognoscit! Hîc & grauior illum de Dacorum fœderatorum turpi ad Amurathem defectione nuncius excipit, vt hôc scilicet testantis, tùm primùm fortunæ furtum insolens damnorum huc vsque ferendorum rudis animus indignatur! Amurathe contrà primos sibi pugnæ successus incredibiliter plaudente, Dacorumque fœdè supplicantium preces multo cum fastu ac supercilio reiiciente, vt pote quos ad vnum omnes circum actis copiis celeres perfidiæ pænas communi internecione actutùm luere iubet.

DILVD. *Sopito in sylua Pastori sambucam furatus simia, se cum aliis aliquot ad suauem eius concentum exhilarat.*

ACTVS SECVNDVS

SED quid interim Dano animi? perfidioforum Dacorum Dux tùm ipfe quidem ac Dynaftes, fed quà erat aliunde celfi ac generofi animi conftantiâ, tantùm ab fuorum remotus perfidia, quantùm HVNIADI fuo fide ac beueuolentia coniunctiffimus erat. Et quo fenfu acerbitatis hâc fuorum defertionem fecum ipfe reputat & queritur! vt fe alieni fceleris verecundiâ plectit Infontem! Et quantumuis nihil fibi male confcius, quin imo facti poft homines natos amiciffimi pulcherrimique auctus fiduciâ, ab popularium tamen inuidiofo facinore peius fibi aliquid apud amicum veretur ac metuit. Vixque aut ad folantis primùm nati, aut ad parentis ipfius HVNIADIS perhonorificam probatæ in eo fidei conteftatæq; prædicationem acquiefcit. Rogare illum enixè HVNIADES vt né fe expoliet fui caufa, fuos fequatur Valachos, vt abnuit generosè, quàmque pulchrâ inter fe amoris ac gloriæ concertatione pugnât! donec Dacorû per nuncium opportunè allata, mirifque ab Dano plaufibus ac gratulatione excepta cædes, inuidiofo abfolutum nexu, amico nil repugnanti iungit arctiùs & aftringit. His fcilicet accenfus audet iterùm in pugnam HVNIADES, copias per filium accerfit & inftruit, mox claffico indictâ pugnâ, eoque luftrandis fuis cohortandifque intento prodit ex aduerfo Amurathes recenti profperitate turgidus & femiuictis procaciter infultans. Vtrimque acriter diuque ancipiti marte pugnatur, fed numerofo ac recenti toties fuffecto hofte impar exhauftufque iterùm cedit HVNIADES, feque cum pauciffimis intra caftra recipit Turcis haud fegniter inftantibus vimque inferre parantibus, nifi familiares Duci infidias olimque expertos dolos veritus Amurathes, mox omnes dato ad receptum figno reuócaret.

DILVD.

Ad Orphei Lyram excitæ primùm rupes, faxa, arbores,
mox è fylua ferpentum ac volucrum omne genus, Ago-
nothetæ munificentiffimo geftata de collo fymbola haud
temerè atque inaniter inter fefe conferent.

2.ᵘ Furtum
Ab Exercitu Vi distrahit.
Ne mihi quod superest iterum fur Improba tollas
Malo equidem furto id sponte perire meo.

3ᵘ Furtum

Subducit Amicis, Sodalibus, Filio

Vis quoque, dum Natum, et dulces Prædaris amicos
Sin reus et Furti conscius ipse tui.

ACTVS TERTIVS.

HVNIADES fortunæ inclementiam causatus, pleniúsque in eam exonerata bile ac stomacho, virium vtique imbecilliorum quàm vt Turcæ vltrà impetum ferre posset, iam plus nimio sibi conscius, de se clàm subtrahendo, secum ipse deliberat primùm, tùm accersitis per satellitem Ducibus militumque delectu, dissimulato consilio, quiddamque solitò maioris spei ac fiduciæ præ se ferens, velut mox pugnaturis animos acuit & inflammat, eáque spe dimissis, vni seorsim Dano consilium sugæ communicat: ausus ille primùm refragari, sed frustrà, nihil obtinet: Quin imò natum ipsum tresque eius sobrinos eiusdem secum adesse fugæ conscios sociósque ægrè impetrat. His itaque Regi adiunctis, ac fugientibus pariter, Turcica cohors imminet, tantúmque non assequitur furtiuo itinere properantibus elapsos. HVNIADES quò sibi deinceps magis caueat suos in varia distributos omnes in excubiis stare iubet. At hîc mirum in módum fluctuantem seque solum nemine prorsus conscio subducere molientem propior è statione Danus, suspicatus id quod erat, aggreditur, solatur, hortatur: sed hæc eo eludente Danumque iterum ad vigilias lustrandas sic vrgente vt nec reluctari honestum esset, acerbè ipse secum ob hunc præcipue Achatem suum diu multúmque luctatus, tandem & eo carendum, sibique deinceps vni cùm fortunæ iniquitate confligendum esse, magno animo statuit. Redeuntique mox ab excubiarum lustratione Dano, Coruino & Zeloce forte obuijs, seque haud multò post adiungentibus cæteris, ipse haud quaquam repertus, nec vspiam comparens HVNIADES, quibus omnes lamentis quo luctu ac mœrore complet. Quàmque inani ad extremum spe ac sollicitudine, frustrà quæritando fatigatos, deludit.

DILVD.

Hispano-punica Dimicatio.

A ij

ACTVS QVARTVS.

HVNIADES nunc demùm solitarius & errans quid non loquitur & queritur? Mox facto hominum concursu è propinquo latebras arripit, è quibus audire liceat proximæ arcis Præfectum eius sibi capturâ iam prope gratulantem, & omnium, indictâ palàm mercede, conductos in sese oculos manufque armantem. Vt his acerbè indolescit, nusquam non vagus metuque trepidus, vrgente identidem ad latebras Dani cæterorumque concursantium aduentu, quibus HVNIADEM crebro ac flebiliter inclamantibus, ferè adducitur vt se adiungat, sed hunc naturæ impetum ratione premit ac consilio, illorum videlicet ac suam, si se comitem addiderit, perniciem veritus: spretis itaque vocitantium clamoribus sese continet; Sed mox deuio illi itinerumque ignoratione laboranti, Iidem vice versâ optantur inclamantur. Quæ & quanta varie tum æstuantis fluctuatio! præsentes auersatur, absentes cupit; torquent absentiâ qui ante præsentiâ onerosi. Illîc se aberranti offerunt Triballi duo: hos scilicet vt oblatos cælitùs viæ duces adit, obsecrat, magnisque pollicitationibus promereri studet, Quâ spe illi predæ illecti inter eundum nihil sibi cauentem insidias tum atque doli atergo adoriuntur, iáque eius onusti spoliis abibant, cum de cruce inter eos suborto forte dissidio, is commodum vlciscendi sui tempus nactus, alterum ense obtruncat, alterum fuga, sibi ac vindictæ ereptum fert ægerrimè: vt assertæ non semel salutis pignus vindicatam ab prædonum impuris manibus crucem exosculatur! Sed hunc auitæ pietatis sensum citò premit atque eneruat vehementior quædam tot irritati repentinis cladibus animi commorio: Hinc diútino fatigatum æstu ac labore exhaustum, sitis præsertim excruciat tàm acerbè, vt nolentem volentem extremâ desperatione ad stipem cogat. Neque verò hîc aut dici commodè aut cogitari satis potest, qualia demùm quàmque plena acerbitatis atque sensus cum rusticanis aliquot pertractando, agit, eloquitur, efficit.

DILVD. *Volucrum varie depugnantium varia inter sese paria committuntur.*

ACTVS

4. Furtum
Mendicum cogit ad stipem
Tantum Iuris habes in nos Fortuna! Precamur
Viuere, dum Mortis Gratia Emenda fuit.

S.ū Furtum.
Libertate Vinctum, exuit
Perfida, quid Mihi Me pariter furaris et aufers?
Hic ubi Libertas, et mihi Vita perit.

ACTVS QVINTVS.

ONGA iactatum fæuientis fortunæ tempeſtate
HVNIADEMvix caſulæ expiciebat quies, cum
illum ruſticos inter fratres coorta rixa nouá iterú
procellá nec opinató quatit, quanquam, quòd lḡ-
gò, vt fit, malorum vſu atque aſſuetudiné ſuſpicax
animus etiam tuta quęque metperet, fraudem ſub odoratus, iam
fugâ ſibi conſultum ibat, niſi & ſaniora vti túm videbantur
hoſpitis conſilia,& eiuſdem non leui ſibi Sacramento obligata
fides obſtaret. Adeſt interim alterius ex fratribus fraude excî-
tus arcis præfectus, ire iubet è veſtigio qui totam caſam explo-
rando ac ſcrutandò euertant, ſed fruſtrà, ingens aperto campo
quo latitabat HVNIADES fæni cumulus, ſecretiora duntaxat
perueſtigantium ſolertiam deludit. Redibant rè infectâ, hiſque
ex illorum deſperatione erecta ſpes, cum ecce hoſpes ſenior ex
ea quam & ipſe ſibi metuens arripuerat latebra repente produ-
ctus, iam propé deſperantem præfectum nouá nec inani ſpe o-
blectat: minis ſiquidem & præſentis intentatæ mortis periculo
ex animatus ſenex vltrò latentis fædat arcanum : miſſi illicò
qui HVNIADEM indigné raptér, aliterque quàm pro Rege ex-
cipiendú, ſubagreſti ſcilicet ſuopte ingenio ſéque viri inſcium
improbe mentienti, Præfecto ſiſtant. Hîc verò quàm non ſibi
parcit ac temperat nuſquam alibi magis quam ad ſui contéptú
ferox & impotens animus! vt fætam inhoneſté ſibi imperitan-
tis ruſticitatem cum tumore ac ſupercilio reijcit! ſui malens
quam majeſtatis, etiam in tantâ periculi atrocitate obliuiſci.
 Quid multa ? quámquam Iuſté indignantis ferociores impetus
obiecto carcere eludit vis fortior. Hîc, vel ipſo catenarú clathro-
rúque ferali viſu caſtigatus tumor, in quæſtus ac lamenta reſol-
uitur, quo luctu emolliti cuſtodum animi vinctum ex cópacto
adeunt, vincla eximunt, imò frangunt, lætâ ouatione ſublimem
in ſcuta tollunt, Regi conſalutato nouo ſe Sacramento obligát,
cùm ecce, ſeu cuiuſquam dolo, ſeu temeré ouantinm intempe-
ſtiuo plauſu ad monitus è proximo præfectus, raptis qnæ ad
ma num aderant haud exiguis ſanè copijs, pauciſſimis nec opi-

nantibus atrox imminet, sed quæ in præstanti duce posita mili-
tum ingens quædam fiducia esse solet & ad deditionem inuita-
tati turpiter se dedunt. Qui tùm furentis æstus! Quæ rabies des-
perantis omnia nec omnino quidquam præter vincula depre-
cantis! quàm feroci licentiâ numerosum ac sponte cedentem
exercitum vnus procaciter impetit! eo sibi minus ipse parcens
quò plus ab illis viui potiundi spe ac desiderio parcitur. Mors
hîc scilicet in votis vna est, quâ permedios enses impetusque
in hostes aliquot frustrà tentatâ, ad exrremum quà vi, quà dolo
comprehensus, quid non astantibus ac tenentibus, quid non
fortunæ atque fato, sui ac cælestium vix memor imprecatur?

*Epilogi vice HVNIADES è carcere presso tantisper irarum æstu
de suis casibus atque fato piè & ex Christiano sensu Philosophatur.*

AD PRÆMIORVM DISTRIBVTIONEM.
PROLVSIO.

Ercurius diuinæ voluntatis interpres è veteri Græciæ Parnaſſo excîtas Muſas Philomuſæ Gallorum genti deinceps addictas eſſe iubet, quibus è vaſtâ rupe pariter collatis inter ſe partibus|concentus ſuos grati ac beneuoli animi pignora edentibus, mox eodem agente Mercurio coactæ è proximo ſaltu Reptilium turmę volucrumque, & caducæi adminiculo inter ſe concordes, in Philomuſi Præſidis auſpicatiſſimum nomen vario ludent emblemate : tamdemque pulcherrimo oneri ſuppoſtis ex æquo alis humeriſque , diſtribuenda Muſarum alumnis ſplendidiſſimi Munerarij dona, celebri pompâ atque apparatu conuehent.

ACTORES.

HVNGARI.

HVNIADES, Rex Hung.	D. Lud. Thirel,	*Lexou.*
DANVS, Dacorum Dynastes.	Iacobus d'Ambry,	*Rothom.*
MATTHIAS CORVINVS,	Philippus de Frenelles,	*Roth.*
Huniad. fil.	Carolus de Fregeol,	*Calet.*
ZELOCES,	Carolus de Tourny,	*Rothom.*
ZECVLES, } *Huniadis*	Franc. Cauuin,	*Rothom.*
MEGALVZES, } *sobrini.*		

TRIBVNI MILITVM.

Ioannes Riuiere,	*Bernei.*	Iacobus Mouret,	*Rothom.*

COHORS NOBILIVM PANNONVM.

Oliuarius de Couruaudó,		Georgius Ferecoq,	
Alphonsus de Soquence,		Petrus Bocquet,	
Bartholom. Petit,	} *Roth.*	Ioannes Daubin,	} *Roth.*
Carolus du Buc,		Andr. Cyron,	*Calidob.*
BORYSTENES, Legatus Valach.		Petrus de Palme,	*Rotho.*
RAMIRVS, Eques Vexill.		Nicol. Behotte,	*Rotho.*

TVRCAE.

AMVRATHES, Turc. Imper.	Francisc. Poirier,	*de Fran-*	
CARATS, Europeæ Præfectus.		*queuille.*	*Rothom.*
SCVRATS, Asiæ Præfectus.	Iacobus Becquet,		
THVRACAN, Thessaliæ Præf.	Renatus des Isles,	} *Lexou.*	
HALI,	Michael Guillouet,		*Picto.*
CHASAN, } *Portæ duces.*	Mich. de Bauquemare,		
AGA	Ioannes du Hamel,	} *Ro.*	
	Thomas Fauuerel,		

IENNISSARII.

Carolus de l'Espinay,		Ægid. le Rebours,	
Ioannes le Conte,	*Rothom.*	Franciscus Routier,	*Roth.*
Guillelm. Boissays,		Iacobus de la Mare,	

BVLGARI.

TEVDAS, Præfect. Arcis.		Iacobus desus la Mare,	*Nouob.*
EMMANVEL,		Mathur. Sublet de Nainu.	*Rar.*
BRENEZES,	*Nobiles*	Nicolaus le Marchant,	*Rothom.*
PALAMEDES,	*Bulgari.*	Petrus Crespin,	*Rothom.*
DRANCES,		Ioannes Vaignart,	*Vernon.*

HONORARI.

Victor. Sublet,	*Parisi.*	Petrus du Bourg,	
Carolus Eudes,	*Roth.*	Ludouic. le Mercier,	*Rothom.*
Alex, Leureux,		Ioannes Meslin,	

PRAEDONES.

Georgius Gouaut, *Ponteaudom.*		Michael Goüel,	*Medunt.*
ARIDAEVS,		Iacobus Marie,	*Locouer.*
GLYCAS,	*Pagani.*	Franciscus le Cointe,	*Roth.*
LYCIDAS,		Nicol. le Hulle,	

PROLOQVENTVR AGENTQVE IN DILVDIIS.

Ioan. Hurtaut,		Franc. de Marbeuf,	
Rob. de Grādchamp,		Franc. des Hommets,	
Rob. Mazelinne,		Thomæ des Hōmets.	
Frāc. l'Archeuesque,		Ludou. du Pont,	
Vincent. de Belloye,		Dauid. le Couteux,	
Clau. le Pigny,		Iacob. le Couteux,	
Clau. Collichon,	*Rotho.*	Iacob. Frontain,	*Rotho.*
Abrah. Ferment,		Claud. Toustain,	
Henricus le Févre,		Iacob. du Moucel,	
Nicol. Charpentier,		Iacob. Peltier,	
Perrus le Masson,		Anth. Torel,	
Henricus de Caux,		Dauid. Baillif,	
Nicolaus Aubery.		Anth. de Houel,	
Claud. de Marome,	*Parif.*	Nicol. de Faureteau.